CrossTherapy

Christophe Pank

«Comprenez votre Alphabet pour construire vos mots et votre histoire. »

Sommaire

Sommaire 7

Chapitre 1 : CrossTherapy 11

Chapitre 2: Les Thérapies Brèves 15

Chapitre 3 : Les Thérapies Energétiques 21

Chapitre 4 : Les Transes 25

Chapitre 5 : Le client ou partenaire 33

Chapitre 6 : Quelques exemples de CrossTherapy............ 35

Chapitre 7 : Le principe TPA 39

Chapitre 8 : Les Points Cosmos 43

Annexe : 47

Conclusion : 57

Remerciements à HnO.. 60

Du même Auteur Chez HnO Edition.............................. 61

Qui est HnO (Hype-N-Ose) ?....**Erreur ! Signet non défini.**

Formations HnO Hypnose ....**Erreur ! Signet non défini.**

Avant-Propos

Je suis Pank, praticien dans les thérapies brèves et l'énergétique depuis plus d'une quinzaine d'années. Je suis passionné par le développement personnel et le potentiel de l'être humain depuis mon adolescence.

J'ai rencontré, il y a assez longtemps, les principes de Programmation Neuro Linguistique au travers de différents ouvrages anglo-saxons et j'ai eu la chance, par mes études et mes professions, de recroiser ce système sous différentes facettes.

Mon parcours personnel m'a également fait prendre conscience des capacités de notre corps à récupérer plus rapidement, d'apaiser des douleurs et des contusions. Le monde des arts martiaux, dans lequel j'ai grandi, m'a mis en face de certains 'phénomènes', bien que peu rationnels, tout à fait surprenants.

Les années, les clients, les expériences, les formations et la pratique incessante de différentes formes de thérapies et d'outils d'évolution personnelle m'ont fait entrevoir un principe commun à tout ce monde : La Transe.

De ce concept, qui peut sembler au premier abord impalpable, j'ai vu des choses incroyables dans le changement de soi, dans l'amélioration d'états physiques et psychiques de l'être humain.

Qu'importe la discipline, qu'elle soit spirituelle, psychologique ou énergétique, nous pouvons retrouver les mêmes concepts avec des lexiques, certes différents, mais des concepts communs.

Comme le dit souvent Tristan, un de mes frères d'arme, 'Il faut bien d'abord faire comprendre la forme pour pouvoir comprendre que tout n'est que non forme'.

Je pense que si vous gardez cette idée en tête, vous comprendrez ce que je souhaite mettre dans le mot CrossTherapy.

Un croisement qui permet aux formes de disparaître pour donner une non-forme qui, paradoxalement, prendra la forme que nous souhaitons.

Ce premier ouvrage représente la genèse de cette discipline toute personnelle, ou plutôt ce concept initial, qui représentera pour moi, dans les années à venir, ma participation à cet extraordinaire monde qu'est la Thérapie et plus généralement le mieux-être de l'Homme.

Chapitre 1 : CrossTherapy

Ce nom me trotte en tête depuis quelques années. La raison est simple, je suis issu du monde du combat. Un monde qui est depuis une vingtaine d'années dans une révolution extraordinaire.

En effet, dans les années 90 une organisation a été mise en place, dans laquelle toutes les disciplines martiales se sont rencontrées dans des combats sans règles. Outre l'aspect violent pour de nombreux néophytes, cette rencontre a transformé la vision linéaire de ce domaine.

En effet, pendant des années, chacun connaissait une discipline spécialisée dans un domaine de prédilection. C'est comme si vous le compariez au monde de l'automobile, nous avons tous en tête que les Italiennes sont designs, les Allemandes sont solides, les Américaines sont gigantesques. Chaque style à sa spécialité.

La rencontre et surtout l'affrontement des différences a transformé à jamais la vision mono dimensionnelle des pratiquants.

En somme, tout le monde s'est réveillé en se demandant ce qui manquait à leur école.

Cela a fait naître une discipline qui se nomme Mix Martial Art, ou les arts martiaux mixtes. Pour ce faire il y a fallu une remise en question des méthodes d'entraînement. Et ceux qui sont restés dans leurs 'traditions' deviennent, aux yeux de beaucoup de pratiquants, des méthodes désuètes et inadaptées.

Les autres ont mis en place ce que nous nommons les 'Cross Training'. Pour faire simple, des boxeurs ont appris à lutter et les lutteurs à boxer, ce qui a imposé un transfert de compétences, une mise en place de nouveaux programmes, une adaptation de ce qui existait déjà pour en faire une nouvelle forme.

Le but ultime est l'efficacité. Les fioritures traditionnelles, les techniques qui ne sont pas éprouvées, des centaines, voire des milliers de fois, dans le contexte réel sont éliminées.

Il ne doit rester que ce qu'il y a de plus performant, de plus utile et nous savons d'autant plus, dans nos sociétés actuelles, l'importance de ce mot qui est EFFICACITE.

Nous ne sommes plus prêts à passer des heures, des jours, peut-être, des années pour nous rendre compte que ce que nous avons étudié ou pratiqué n'apporte pas les résultats escomptés.

La CrossTherapy reprend le même principe, croiser les disciplines, prendre ce qui semble le plus efficace et effectif quitte à sortir du politiquement correct.

Je ne suis pas novateur dans cette idée, des thérapies brèves ont été mises en place dans les années 70 sous l'impulsion de Gregory Bateson avec le Mental Research Institute à Palo Alto.

L'école de Palo Alto a mis en commun les connaissances de différentes pratiques, grâce à l'intervention de pratiquants de disciplines diverses comme l'Hypnose, la systémique, la communication interpersonnelle.

Aujourd'hui en lisant les ouvrages de l'époque, j'ai eu une réflexion étonnante. Je me suis dit qu'il n'y a rien de révolutionnaire dans ce qu'ils écrivent. Et c'est normal, le monde a évolué et d'autres auteurs ont construit des synthèses de ces travaux. La discipline la plus connue sur le sujet est la Programmation Neuro Linguistique.

Bandler et Grinder sont passés à Palo Alto et ont également produit une réflexion, une synthèse, ils ont simplifié les process exposés par les experts de Palo Alto. Les livres de développement américains sont pleins de PNL, même s'ils ne nomment pas cette méthode.

Cela s'est donc intégré naturellement dans nos esprits. Notre génération actuelle jongle plus facilement avec des concepts qui, à l'époque, étaient une découverte, donc beaucoup moins fluides pour ses utilisateurs.

Avez-vous déjà remarqué le temps que vous avez passé la première fois pour faire un plat, et si vous l'avez régulièrement fait, le peu de temps que cela vous prend maintenant quand vous le faites. Vous l'avez assimilé à tel point que tout se fait de façon fluide.

La CrossTherapy est un peu mon Palo Alto personnel. J'ai eu la chance de pratiquer et d'assimiler différentes techniques. J'ai fait de superbes rencontres avec des personnes vraiment extraordinaires. J'ai appris, testé, questionné, assimilé et transformé pour acquérir ces techniques au plus profond de moi.

Il y a dans la CrossTherapy, un concept initial, la Transe. Cet état de conscience, ou plutôt de connexion entre le conscient et le subconscient, se retrouve dans toutes les disciplines que j'ai croisées.

J'irai plus loin, tout dans la vie est régi par des transes. Il y a des passages d'une transe à une autre, j'y reviendrai ultérieurement.

Vous découvrirez, que ce soit dans des méthodes comme l'hypnose ou la PNL, que ce soit dans le magnétisme, que tout est lié à des capacités de Transe.

Les clients, eux, vivent également des transes dissonantes, des états de déconnexion qui les isolent de l'harmonie.

C'est à nous praticiens de les aider à transformer ces schémas, pour qu'ils puissent reprendre en main leurs vies.

La CrossTherapy est un système d'aide à la personne. Je ne prendrai pas le mot thérapeute, dans le sens où je pense que le seul thérapeute 'utile' reste votre corps et votre esprit.

Je ne suis qu'un accompagnant sur un chemin qui appartient à mon client. Je ne peux pas le faire aller là où il ne souhaite pas aller. Pourquoi ? Simplement parce qu'il fera marche arrière et retournera dans son état dissonant.

Il est très délicat d'accepter le changement, même si intellectuellement nous le souhaitons, il est très possible que le plus profond de nous-même n'y voit pas les mêmes avantages. Sur la balance des 'pour' et des 'contre', le subconscient décide en fonction des gains palpables.

La CrossTherapy est un style qui évoluera avec les retours de mes clients, avec mes formations, avec mes rencontres, avec mes expériences et ma maturité.

Ce n'est pas une méthode qui cherche à être meilleure qu'une autre, simplement je cherche ce qui est efficace dans le cas spécifique de ce que me propose mon client.

La CrossTherapy est un concept psycho-énergétique. J'ai la croyance que les différents systèmes énergétiques, que nous connaissons de plus en plus, comme le Reiki, le BioMagnétisme... apportent des soulagements aux clients.

Cependant avec l'expérience, j'ai souvent constaté que les effets que nous avons apportés au travers d'une séance d'énergétique, peuvent réellement faire du bien, voire même donner des choses complètement fabuleuses. Cependant, certaines problématiques reviennent.

Quand je dis que les maux ne sont pas pleinement guéris sur le long terme, c'est souvent parce que, même s'il y a des changements d'un points de vue énergétique, que ce soit via les méridiens ou même, de manière plus ésotérique via les chakras, la graine émotionnelle et/ou psychique, n'est parfois que déplacée ou juste coupée.

En CrossTherapy, je propose souvent à mes clients qui se sont blessés, qui ont des maux physiologiques, suite à des maladies ou des accidents divers, de travailler également sur leurs mondes psychiques.

Pensez-vous que vous développez une maladie simplement parce que votre corps est en contact avec quelque chose ? En ce cas qu'est-ce qui fait que certains sont plus sensibles à des maladies que d'autres ?

Pensez-vous que vous faire une fracture, comme par exemple une cheville, un genou, avant une grande décision, un choix important dans la vie est simplement lié au physique ?

Je n'ai pas de réponse absolue et je ne dis pas avoir raison sur ces sujets, par contre, dans la pratique il y a de vrais liens, et surtout de vrais changements quand on travaille à tous les niveaux.

Je vais faire grincer quelques dents en exprimant une observation des systèmes énergétiques, dits holistiques, c'est-à-dire que la 'guérison' se fait de façon physique, énergétique et émotionnelle.

Hors, il est assez rare de rééquilibrer la psyché au travers des travaux énergétiques, à moins de la réorienter durant la séance.

Et beaucoup de méthodes ne le permettent pas, non pas qu'elles soient mauvaises, au contraire, mais simplement parce que le praticien n'a pas acquis la compétence nécessaire durant sa formation.

J'ai énormément utilisé les travaux en énergétiques pour soutenir mes clients et il est vrai qu'avec l'expérience, l'observation et la confiance en mon intuition, j'avais régulièrement des compréhensions de maux plus psychologiques.

C'est en m'ouvrant à d'autres méthodes que j'ai pu comprendre qu'il y avait des liens qui permettaient aussi d'apaiser plus en profondeur les clients.

Chapitre 2: Les Thérapies Brèves

Les Thérapies Brèves ont été mises en place dans les années 70 pour appréhender de façon différente la thérapie qui était dominante dans le monde de la psyché : La Psychologie.

Je ne vais pas vous faire un cours d'histoire de ces différentes méthodes. Je vous laisse libre d'étudier, Bateson, Haley, Watzlawick...

Je travaille les Thérapies Brèves au travers de l'Hypnose, de la PNL, de l'Analyse Transactionnelle, ainsi que des notions de Thérapies Familiales et de Systémique. Ce qui est assez extraordinaire c'est qu'il existe de nouvelles méthodes qui prennent naissance régulièrement par les générations issues de Palo Alto.

Ce style de thérapie est axé vers la recherche de solutions davantage que vers la découverte des causes du mal. Je suis souvent étonné, dans notre société française très analytique, de certaines remarques de mes clients.

Ils me disent qu'ils sont persuadés que dès qu'ils sauront pourquoi ça ne va pas, tout ira mieux.

Je leur explique donc qu'ils n'ont rien à faire dans mon cabinet, parce que je ne suis pas dans cette dynamique et qu'un psychologue pourrait être une meilleure voie. Et vous savez ce qu'ils me répondent ?

C'est trop long, ça peut durer des années. Et c'est le cas, cependant c'est oublier que les thérapies brèves peuvent aussi durer deux ou trois ans. Cela peut vous paraître long et vous connaissez certainement des personnes qui en quelques séances d'hypnose, de PNL ou de TCC ont pu changer définitivement un comportement.

Je suis d'accord avec vous, il y a de très nombreuses personnes qui en moins de quatre séances ont réglé des problèmes qui leur pesaient depuis des années. Néanmoins il y a ce que je nomme l'effet Tetris.

Tetris est un jeu dans lequel des formes tombent en continu et nous devons faire des lignes complètes pour que ces dernières se désintègrent et laisse de la place aux nouveaux

Objets qui tombent. Dans la thérapie, il arrive très souvent que le succès d'une problématique réglée, déstructure d'autres éléments de notre être intérieur.

Vous vous doutez que nous sommes des êtres de compensations. Nous nous en rendons plus facilement compte avec notre corps. En effet si vous vous blessez à la cheville il y a de forte chance que vous trouviez une façon de marcher pour vous rendre d'un point A vers un point B.

Seulement à force de bouger avec une partie de votre corps qui ne peut pas être utilisée, vous allez créer des compensations posturales, des renforcements, peut-être même des tensions musculaires sur d'autres parties du corps.

Je me souviens de la première fois où j'ai vécu cela, mon kiné m'expliquait que j'avais, à plusieurs reprises, cumulé des douleurs au dos, que des vertèbres avaient bougé, mon bassin également et mes étirements avaient permis de compenser.

Seulement un jour lors d'un combat, en tournant sur un mouvement, une de mes vertèbres bougea et toute ma structure se bloqua.

D'ordinaire, une vertèbre ne va pas bloquer le corps même si ce n'est pas agréable. Seulement, cette fois, ce changement a fait tomber toutes les 'défenses' compensatrices que j'avais inconsciemment mises en place.

Nous sommes pareils avec notre psyché. Je reprends l'exemple que je nomme les effets secondaires de l'Hypnose. Il m'arrive de nombreuses fois d'avoir des clients qui souhaitent stopper la cigarette.

C'est une demande courante et nous connaissons l'efficacité de la méthode pour stopper facilement le tabac. Selon les praticiens, il y a des cheminements très différents. En effet, certains ne travaillent que sur la cigarette, d'autres comme moi, préfèrent proposer une 'mini thérapie'.

En effet, je pars de la logique que toute addiction cache derrière elle une histoire et des traumatismes potentiels qui font que le fumeur n'a pas encore trouvé un moyen sain et simple de décrocher.

J'aime avertir mes clients que même s'il ne s'agit que de cesser une habitude, le fait de travailler sur soi va certainement changer de nombreuses choses dans leurs vies, leurs comportements et par extension dans le cadre relationnel.

Nous sommes dans un système et nos transformations intérieures impactent l'entourage qui nous connaît dans une dynamique spécifique.

Il est assez rare que nous appréciions le changement des personnes que nous aimons. D'ailleurs le changement des personnes que nous n'aimons pas est tout aussi gênant.

C'est assez normal, que nous le voulions ou pas, nous construisons pour toutes les personnes que nous côtoyons des cases. Il y a des cases plus ou moins flexibles en fonction de la personnalité de la personne, seulement il est peu probable que le cadre soit brisé.

Or, souvenez-vous de l'effet Tetris, un changement va déstructurer le modèle que nous avions mis en place.

Le système est 'dissonant' sachant qu'il a été une adaptation de notre personnalité et notre façon de vivre vis-à-vis d'une problématique que nous n'avions pas gérée ou que nous avions occultée.

Imaginez donc que la cigarette cache, derrière cette addiction, un rapport au père difficile. Que c'est le seul moyen de ressembler à ce dernier et peut-être même 'sentir' sa présence qui lui a manqué.

Si nous travaillons sur le père, nous pouvons donc avoir une nouvelle image de soi, vis-à-vis de lui, mais symboliquement de l'homme et du rapport avec ce dernier.

Si notre fumeur est une femme, et qu'elle est dans une situation peut être délicate dans son couple. Le travail sur le père pour l'arrêt du tabac a une très forte chance d'impacter la relation de couple.

Il m'est souvent arrivé d'avoir des retours complètement 'décalés' entre les raisons de la venue dans mon cabinet et les conséquences dans le changement de comportement du client.

Une de mes clientes me disait qu'elle avait peur de travailler avec moi sur de nombreux sujets, parce qu'elle savait qu'elle changerait et qu'elle ne pourrait pas l'assumer vis-à-vis de sa famille et de ses amis.

Les différents travaux que nous avions faits, avaient déjà trop 'étonné' son entourage qui n'arrivait plus à la reconnaître. Elle sortait du cadre connu dans lequel elle avait été mise.

Change-toi toi-même et tu changeras le monde. C'est une réalité plus que significative en thérapie brève et en CrossTherapy. Vous comprenez certainement davantage pourquoi ces méthodes brèves peuvent durer jusqu'à trois ans.

Il faut travailler sur soi, intégrer, évoluer et voir les autres aspects qui demandent encore un réajustement.

L'objectif de tous ces systèmes est de donner un bien-être et un équilibre. Un équilibre de vie, un équilibre intérieur qui permettront de vivre pleinement sa vie.

Je suis de ceux qui pensent qu'il y a des choses qui n'ont pas à être traitées tant que nous ne sommes pas dérangés par la problématique. En effet, nous avons des systèmes de compensations émotionnelles qui permettent d'être en homéostasie, c'est-à-dire en équilibre.

Quand j'échange sur ce sujet avec mes pairs, ils n'adhèrent pas tous à mon idée et estiment que s'il y a une pathologie il faut la travailler, parce qu'elle cache des choses, peut-être très profondes, et que la structure va se briser à un moment ou à un autre.

C'est peut-être vrai, seulement si nous travaillons sur des choses que notre partenaire n'est pas ouvert ou prêt à traiter, nous allons avoir une réaction destructive des séances mises en place.

La démarche doit venir du client et de sa volonté de changement. Il faut aller au rythme de ses prises de conscience et de ses prises de responsabilité.

Nous ne pouvons pas imposer une direction, parce que nous l'estimons plus juste et que nous présupposons qu'il risque d'avoir tel retour dans les années à venir.

Nous sommes des opérateurs d'un changement que les clients nous proposent, nous ne sommes pas les guides de leurs changements. En CrossTherapy, j'insiste particulièrement sur cet aspect. Le responsable de la séance est le client, qui vient avec son envie de changer, d'avancer, d'évoluer et de se transformer.

En tant que CrossTherapist, je ne peux pas et surtout je ne dois pas entraîner mes clients sur un chemin qu'ils ne souhaitent pas explorer. Je propose, j'ouvre des directions et ils choisissent ce qui est bon pour eux ou en tout cas les éléments qu'ils sont prêts à traiter.

Les thérapies brèves sont d'excellents compléments aux thérapies longues comme l'analyse ou la psychologie. D'ailleurs de nombreux psys prennent désormais des techniques issues de différentes méthodes pour améliorer leurs résultats thérapeutiques.

Quand vous allez voir un CrossTherapist, pensez aux résultats que vous souhaitez atteindre, vous allez conditionner votre subconscient à se diriger vers un résultat.

On ne travaille pas dans le but de savoir pourquoi nous avons tel ou tel comportement mais pour savoir comment faire afin que ce comportement ne soit plus un poids.

Il est préférable de savoir changer le pneu de sa voiture lors d'une crevaison que de savoir les causes de la crevaison. Nous pourrions clairement définir ce qui nous a fait crever et rester une nuit entière avant de remplacer notre roue.

Alors que si vous aviez directement changé le pneu et que vous aviez pu arriver à destination, cet épisode ne resterait qu'une histoire à raconter.

La CrossTherapy reprend donc le principe des thérapies brèves, je suis issu de cette génération et même s'il est toujours intéressant de travailler les bases de la psychologie, nos 'racines' influencent énormément notre façon de travailler.

Chapitre 3 : Les Thérapies Energétiques

Cette facette de la CrossTherapy est la partie plus ésotérique du système. En effet, mes premières armes dans le bien-être ont été forgées par ces méthodes.

Lors de ma recherche martiale, j'ai eu la chance de croiser le chemin du Ki/Chi comme moyen d'apaiser les douleurs. Selon les extrêmes orientaux, le corps est constitué de chair et d'os mais également d'énergie.

Cette énergie de vie, en fonction des civilisations, est connectée aux méridiens ou aux chakras. En fonction des pensées, des intentions et des émotions, notre corps s'équilibre ou se déséquilibre.

J'aime garder à l'esprit une image qui exprime l'idée que l'équilibre existe parce que nous sommes entre deux déséquilibres. L'énergétique est un aspect qui peut sembler complètement décalé dans notre société.

En effet, nous sommes dans une société qui est très rationnelle et dont le dogme est la Science comme Sainte Croyance.

Coup de chance pour de nombreux pratiquants de l'énergétique, l'arrivée de la 'vulgarisation' du principe des sciences quantiques. Une grande partie des 'croyances' liées à l'énergie est, semble-t-il, explicable par la physique quantique.

Je ne suis pas assez pointu en sciences quantiques pour vous valider cette idée. Maintenant, je me réfère aux principes Ayurvédiques, aux principes des médecines chinoises et j'y ajoute l'aspect méditation de diverses sources.

La CrossTherapy est un système basé sur la pratique. Lorsque j'ai commencé à étudier le monde de l'énergétique je ne pensais pas que l'efficacité suivrait. Je l'ai découvert dans un monde de combat. Un monde dans lequel on promet qu'avec un coup on peut anéantir tous les opposants.

La chose merveilleuse c'est que le marketing est si bien fait, que même les utilisateurs du produit y croient encore alors que depuis 10 ou 20 ans ils ne sont jamais parvenus à ce niveau d'efficacité. Quand j'ai demandé au Sifu (C'était un professeur chinois) de me montrer le Chi comme une arme, je n'y ai rien ressenti, rien vécu. Qu'importe que ce soit un mythe ou une réalité.

C'est ce que j'ai vu après qui a été déterminant dans ma dynamique et mon amour pour ces styles, je l'avoue un peu farfelus. Ce vieux professeur a fait en sorte, de par son toucher, de calmer la douleur d'une belle entorse suite à un coup. C'était concret, les résultats étaient palpables, donc pour moi, validables.

Après un bref partage de connaissances et surtout des tas de tests et de lectures, j'ai pu comprendre, ou plutôt ressentir ce que le Chi pouvait provoquer sur un corps. Maintenant, je ne vous dirais pas que c'est moi et mon énergie qui avons apaisé des corps, mais plutôt la capacité de l'être humain de 'réactiver ses capacités'.

Là encore dans cet aspect de la CrossTherapy, j'ai l'intime conviction que nous ne sommes que des opérateurs et non les responsables d'un changement.

Dans les thérapies brèves, nous entendons souvent les praticiens parler de 'position basse'. C'est-à-dire que nous ne sommes pas des guides, mais des suiveurs sur les différents sujets que le client nous propose.

Cette idée s'oppose à celle de la position haute des médecins, spécialistes, qui diagnostiquent et imposent 'la vérité'.

Cependant dans les nombreux stages que je fais et les plus nombreuses rencontres que je suis amené à vivre avec des thérapeutes, j'ai de plus en plus l'impression d'une vaste escroquerie de pensée.

Beaucoup n'ont pas du tout la position 'basse' et leur ego ou leur syndrome du sauveur reprennent trop souvent les commandes.

Je n'ai pas de problèmes avec la position haute, et je l'utilise en CrossTherapy régulièrement.

Pourquoi ? Me direz-vous, d'autant plus si vous êtes thérapeutes ou patients, parce que j'estime, avec tout mon ego, que si une personne dépense 80€ pour une séance, elle attend des solutions.

Il attend d'être orienté, il a une pathologie, les différents diagnostiques et traitements ne le satisfont pas dans la dynamique de bien être qu'il a mise en place et il attend un professionnel qui va pouvoir le bouger, le secouer, le faire avancer.

En CrossTherapy, il m'arrive souvent de donner mon opinion, de souligner que je partage une de mes valeurs, qu'elle n'est pas plus juste que la sienne, mais cela peut offrir une lumière dans l'obscurité.

Dans l'hypnose, il est mis en avant que le subconscient sait ce qui est bon pour lui et qu'il suffit au thérapeute de lui proposer, au travers d'images ou de travaux, des possibles et que le subconscient trouvera ce qui lui conviendra.

Là encore cette position basse, qui laisse le possible arriver, ouvre aussi l'impossible à croiser le chemin.

Il n'est pas dit que le résultat soit au bout du chemin.

Le plus étonnant est que ceux que j'ai trouvé les plus humbles dans cette démarche sont rarement ceux qui ont intellectualisé leurs pratiques avec des normes et des pensées limitantes voire sclérosantes.

Ce sont les pratiquants d'énergétique qui peuvent nous apprendre de nombreuses choses, cette manière d'accepter que nous ne sommes juste que des soutiens. Et pour cause, excepté les illuminés, qui eux n'arrivent plus à se séparer de leurs résultats, les enseignements soulignent que le praticien n'est qu'un canal.

En CrossTherapy, particulièrement dans cette démarche avec des passes magnétiques et dans ce que José Silva nomme la communication Subjective, je mets vraiment en avant que je ne suis pas le responsable des changements, ni même des améliorations.

La personne qui a du succès reste le client.

C'est le client qui est le 'guérisseur', qui est son propre thérapeute. Le praticien lui ne reste que le déclencheur. C'est un point essentiel dans l'ensemble de la CrossTherapy.

Dans l'aspect thérapie brève, psychique ou énergétique, le responsable du succès est le client. C'est le 'maître de cérémonie'. S'il y a échec, la faute est à la fois sur le client et sur le praticien qui, peut-être, n'a pas proposé ce qui était le plus adapté. En CrossTherapy, le maître mot est RESPONSABILITE.

L'énergétique est donc constitué des passes de magnétismes que nous retrouvons dans des styles comme le Reiki, le Quantum Touch, le Corps Miroir... des travaux dits subjectifs sur les pathologies d'une facette psychique comme dans le Hopoonopoono ou la méthode Silva ainsi que des styles de Tapping comme l'EFT, le SET.

Je n'adhère pas à tous les systèmes, par exemple, je ne suis pas fan du tapping, n'ayant pas trouvé un outil qui me correspondait.

Seulement sur les retours de nombreux clients, les améliorations étaient notables.

Comme le disait Jun Fan, un maître très connu d'arts martiaux, 'Prends ce qui est efficace, retires ce qui ne l'est pas'.

Je me dis toujours que ce qui ne nous semble pas efficace aujourd'hui pourrait l'être demain, en tant que praticien, je pense que nous ne devons pas définitivement jeter une technique, mais y revenir plus tard pour, peut-être, en comprendre autre chose.

La CrossTherapy est un modèle hybride, un système qui va continuer à avancer et évoluer avec les années, qui va s'adapter aux apprenants, eux-mêmes étant différents, ainsi qu'aux nombreux clients.

L'essence de la CrossTherapy est la Transe.

Chapitre 4 : Les Transes

Comme je vous le faisais remarquer à plusieurs reprises dans cet ouvrage, la CrossTherapy est fondée sur le principe de la Transe. Pour moi la Transe est partout.

Elle est tellement partout que lorsque j'ai eu la chance d'étudier le système Ennéagramme avec Nicolas Depetris et son épouse Jessica (www.approchepearl.com), tout est devenu encore plus logique, plus connecté. En effet, cette discipline, bien au delà du principe de personnalité, offre la possibilité de comprendre que nous sommes dans des attitudes types.

Cela signifie que depuis que nous sommes enfants, nous sommes prédisposés par nos vécus, nos ancrages (c'est-à-dire les réponses spontanées à une situation) à répéter des schémas spontanés. Des transes automatiques, comme lorsqu'on vous met une musique qui vous fait bouger. Tout s'active sans même y penser.

Vous aurez de nombreuses définitions et façons de voir les Transes. Certains les voient comme passives, par exemple l'hypnose, où la personne semble dormir et suivre simplement les indications.

D'autres actives, comme les shamanes, les médiums ou les rituels initiatiques de tribus diverses au travers du monde.

Ce que j'aime, c'est que chacun perçoit la Transe à sa façon et donc la limite dans un domaine, dans des critères physiologiques définis ou des modèles connus. Pour des amis shamanes, leurs transes sont complètement différentes de celles de l'hypnose.

Les guérisseurs se connectent à des forces mais ne sont pas des shamanes. Tout ce monde se met des distances alors que, de façon simple, ils sont dans des transes très communes.

Voir des entités, entendre des voix, percevoir des auras, se connecter à des êtres à distances, voir dans les yeux d'un chat la maison de son propriétaire... rien de vraiment complexe lorsque l'on accepte le fait que tout cela est lié à ... notre cerveau.

Je sais, c'est moins sexy que de se dire que nous sommes extraordinaires avec des capacités passées de générations en générations par de vieux grimoires ou encore mieux de bouche à oreille.

Je vous invite à lire un autre de mes ouvrages 'hypnose et ésotérisme' dans lequel je traite de différents phénomènes comme le magnétisme, la médiumnité et autres comme étant des Transes.

La Transe est donc liée à des fréquences cérébrales. En effet, nos cerveaux fonctionnent sur des fréquences diverses et un peu comme une onde radio, en fonction des stations nous n'accédons pas aux mêmes choses.

De façon générale, nous sommes dans un rythme dit Beta. Nous activons principalement le conscient, l'analytique. Nous savons également que nous ne pouvons gérer seulement que de 5 à 9 stimuli en même temps.

La vie, le quotidien, nous envoient des milliers d'informations à la seconde.

Ces informations sont traitées de façon 'instinctive' par notre cerveau. En fonction de nos histoires, de nos pensées, de nos vécus nous ne réagirons pas tous de la même façon aux différentes situations.

Prenez un voisin très bruyant qui parle tellement fort qu'il vous gêne dans votre conversation.

Vous avez donc votre conscient qui s'active pour prendre l'information du son, et vous devez toujours garder l'attention vers votre interlocuteur.

Première phase de transe, c'est que vous avez beaucoup de mal à vous focaliser sur ce qui est dit surtout si votre programme initial a été de parler dans des contextes calmes.

D'ailleurs, c'est souvent dans ces cas que nous remarquons que la conversation intègre des blancs...

Après, en fonction des programmes intégrés, vous pouvez avoir des 'actions spontanées', des transes que votre conscient, même s'il les observe, n'arrivera pas à arrêter.

Vous pouvez faire la remarque à la personne.

Vous pouvez décider de partir.

Vous pouvez parler de plus en plus fort.

Vous pouvez jeter des regards noirs...

Vos réponses sont prédéterminées par ce qu'elles ont pu vous apporter dans votre passé. En somme, si depuis que vous êtes enfants, d'une part on vous a appris que 'les plus gênés s'en vont', et que depuis ce moment-là vous avez validé cette 'vérité', il n'y a aucune chance que vous stoppiez cette transe de fonctionnement.

Quand je parle de transes, je les associe à vos émotions. Par exemple une colère, est une transe dans mes mots. Vous êtes complètement dominés par les programmes de votre subconscient.

Vous pouvez rationnellement considérer votre comportement et vous répéter, 'je ne dois pas me mettre en colère', il y a très peu de chance que vous sortiez de votre colère ainsi.

D'ailleurs, avez-vous remarqué qu'il n'y a rien de plus énervant qu'une personne qui dit 'Calme toi' lorsque vous êtes en train de partir dans une colère ?

Et pourtant la raison donne validation à cette suggestion. Seulement impossible de sortir de cette transe.

Et nous sommes dans cette dimension dans tous les aspects de nos vies. En somme, nous avons des paires de lunettes que nous changeons en fonction des événements et ces lunettes, nous avons pris le temps de les forger pendant des années.

C'est pour cela qu'il est difficile, selon moi et dans de nombreuses thérapies brèves, de transformer son programme en prenant conscience de ce dernier.

Si je vous fais prendre conscience que vous êtes tristes quand je parle d'une séparation ou d'un décès et des différents événements de votre vie qui se rapportent à ce moment, il y a peu de chance que, PARCE QUE vous savez, vous changerez.

Cela me fait penser à l'informatique, nous avons beau observer que notre PC bloque et que le logiciel ne répond plus, nous pouvons même savoir d'où vient le problème, si nous ne sommes pas capables de reprogrammer cela ne nous sert à rien. D'ailleurs observez nos réactions, on remet à zéro et on réinstalle...

La transe, donc, ne provient pas de la conscience et d'ailleurs il est important, pour ma part, de préciser que votre conscient va simplement se réassocier avec votre subconscient.

Effectivement, il n'y a jamais la disparition de votre conscient dans une transe, seulement il laisse sa place à ce qui est dans le subconscient. En fait, imaginez que votre subconscient est toute l'eau qui se trouve derrière un barrage immense. Et que votre conscient est un simple robinet qui est connecté à ce barrage.

Et bien quand on ouvre le barrage, votre robinet est toujours là, c'est simplement le débit d'eau qui est plus important. Et il arrive que nous ne souhaitions pas voir toute cette eau, car nous aurions l'impression de nous déconnecter.

Seulement cette eau, qu'elle sorte du robinet ou qu'elle s'emplisse derrière ce barrage depuis votre naissance, vous représente. Vous êtes autant votre conscient que votre subconscient.

Je me suis aperçu que les personnes qui lâchent le moins dans une transe (en tout cas dans certaines transes) me disent avec sincérité qu'elles ont peur de découvrir ce qu'il y a derrière.

Il n'y a pas de derrière, c'est NOUS, et une transe nous Unifie avec toutes les parties de notre être... et parfois même d'un point de vue plus ésotérique un supra conscient...

Les ondes cérébrales en Beta sont autour de 12hz et plus. Les niveaux suivants offrent des transes plus fréquentes.

Parce que vous aurez compris que dans la CrossTherapy ce n'est pas parce que nous sommes en Beta que cela empêchera de fréquents passages en Transe dans nos journées.

Le niveau Alpha se situe entre 8,5 et 12hz. Ce niveau est celui qui est le plus utilisé pour un grand nombre de nos transes. La méthode Silva a d'ailleurs développé tout son système sur ce principe.

Je pense que c'est ce niveau que nous pouvons le plus facilement utiliser au quotidien, pour nous apaiser, prendre des décisions, faire une grande partie de nos séances à but thérapeutique.

C'est également ce niveau qu'utilisent de très nombreux magnétiseurs. C'est assez extraordinaire de se rendre compte que c'est simple de s'y rendre. Après il y a un apprentissage pour le maîtriser.

Tout est simple, il suffit d'avoir les plans, les explications et ensuite, répéter pour s'améliorer. Souvenez-vous, au départ le vélo pouvait faire peur, peut-être même pouvait-il entraîner une chute. Et pourtant avec le temps, la répétition et l'attention vous n'y pensez même plus. C'est tellement simple.

Les ondes cérébrales en Theta, sont moins utilisées ou plutôt nous avons moins l'habitude, pour le commun des mortels, de rechercher cette fréquence. Nous nous y rendons automatiquement tous les jours, la fréquence se situe entre 4,5 et 8 Hz.

Il y a tout un processus qui explique qu'à ce niveau nous entrons dans une transe très profonde ou... que nous nous endormons.

En séance c'est rarement le cas, puisque l'opérateur est en contact avec vous et vérifie souvent au travers de l'échange de mots ou de réponses idéo-motrices que vous êtes en train de mettre en place le processus de votre mieux être.

Sans en être certain, je pourrais dire qu'à ce niveau nous sommes dans des états qui nous permettent de recomposer les programmes avec d'avantage de facilité, le client étant dans une pleine association de son être et dans l'accord d'un vrai changement.

C'est pour cela que je précisais précédemment qu'il est toujours intéressant que vous choisissiez un praticien qui VOUS convienne. Une personne avec laquelle vous sentez que vous allez pouvoir ouvrir les portes intérieures de votre être à la fois physiques, psychiques et énergétiques.

Enfin, le dernier rythme que notre cerveau peut avoir est le niveau Delta, sa fréquence vibratoire se situe sous 4,5 Hz. Il est dit que les enfants sont dans cette fréquence au début de leurs vies, ce qui permet un apprentissage bien plus rapide

de tout ce qui va les faire survivre. C'est aussi là et pendant cette période de vie que de nombreux programmes sont construits.

Le cerveau est donc un outil extraordinaire nous permettant, en fonction de sa fréquence, de nous faire passer dans différentes dynamiques. Les transes sont associées à ces mouvements.

Je vous précisais que dans la CrossTherapy, je définis que nous sommes constamment en Transe et avec ce raisonnement je m'éloigne de plus en plus d'une logique que nous trouvons dans une discipline qui me passionne : L'hypnose.

En effet, dans le modèle de l'Hypnose, nous estimons qu'il y a le Conscient, le Subconscient et l'Inconscient. Ce fractionnement est lié à un courant dit Elmanien de par son initiateur Dave Elman. D'autres séparent simplement Conscient et Inconscient.

De façon générale, les différentes écoles en Hypnose estiment que nous sommes dans le Conscient au quotidien et que nous passons dans le subconscient avec une 'Induction' en Transe.

Le chemin étant donc : Conscient >>> Subconscient.

En CrossTherapy, je pars d'un constat différent qui rejoint certains courants comme le Bouddhisme et le Taoïsme, pour les plus cinéphiles d'entre vous, le principe Matrix.

Nous sommes constamment dans le Subconscient, nous ne sommes pas consciemment en train de comprendre les mots de ce livre, nous ne sommes pas consciemment en train de bouger les yeux, ni même capables de comprendre une référence comme le Bouddhisme ou Matrix en nous imposant une recherche comme dans google pour avoir un

Résultat, la réponse est immédiate.

Nous fonctionnons quotidiennement dans des réponses parfois automatiques, parfois semi automatiques, nous ne pouvons consciemment contrôler que très peu de choses.

Si nous pensons au souffle. Il est facile de retenir notre souffle, ce phénomène est conscient, par contre le battement de votre coeur, l'appel du manque d'oxygène, lui se fait automatiquement, on ne contrôle qu'une partie de nous, et souvent une petite partie.

Les émotions, les souvenirs, les réponses, qui dans un débat vous viennent spontanément, ne proviennent pas d'une conclusion consciente de tous les arguments que vous avez reçus, mais d'une synthèse immédiate de votre Subconscient qui vous donne de quoi continuer votre échange.

En CrossTherapy, j'estime que c'est une illusion d'exprimer que nous sommes conscients. Nous avons des fulgurances de 'prise de conscience' et rarement une conscience constante, nous sommes 'endormis' dans des réactions pré programmées et paradoxalement c'est avec une nouvelle connexion entre le subconscient et le conscient que nous nous éveillons.

Cela reprend le principe du Bouddhisme Zen, notamment en Rinzai, le maître propose un Koan à son élève, c'est-à-dire une petite phrase paradoxale du type : 'Je suis la Conscience de ton Inconscient et tu n'en as pas Conscience.'

L'élève va tellement se répéter cette phrase qu'il ne sera plus du tout conscient de son sens, de son but, de ce que ce Koan est, et qu'à un moment, parfois au bout de mois voire d'année, suite parfois à une réflexion, une observation, une suggestion, un cri, un geste ou une frappe... tout deviendra clair, son Subconscient va lui faire prendre conscience d'une réponse, un instant, un éclair, comme un éveil précipité après un long sommeil.

Cet éveil se nomme 'satori', c'est une fulgurance du subconscient vers le Conscient pour ouvrir une nouvelle compréhension et une union avec ces parties de soi.

Il se peut qu'après l'élève reste dans cet éveil, cette compréhension et non en dualité de Conscient et Subconscient, ou comme lorsque le réveil sonne, vous ouvrez les yeux et.... au lieu de vous éveiller... vous arrêtez l'alarme, pour vous rendormir.

C'est dans la Transe que se trouvent à la fois toutes nos illusions et toutes nos vérités. Le conscient donne l'impression que nous contrôlons et pourtant cette illusion n'est qu'une projection du subconscient vers le conscient.

Dans la CrossTherapy, j'accepte la transe de mon partenaire. Qu'importe sa forme lors de nos rencontres : tristesse, peur, colère, mésestime, mensonge, jeu, réflexion ou n'importe quelle autre posture possible.

Je la prends comme une transe, cette dernière contient un élément qui est dissonant pour le partenaire. Je précise pour le partenaire, le CrossTherapist peut être direct dans sa façon de travailler mais jamais il n'impose sa vision, chacun prend sa responsabilité dans cet échange.

Imaginez que la transe dissonante de mon partenaire est une bulle de savon. Et que l'objectif de séance soit une autre façon de fonctionner, par exemple un problème de phobie d'avion. Sa Transe 'phobie d'avion' se met en place automatiquement dès que mon partenaire y pense. Vous comprenez bien que, dans ce cas, le conscient n'y est pour rien, il ne contrôle rien, et ne donne aucune solution, la vie du partenaire est régie par un programme automatisé, une transe dysfonctionnelle.

Le nouveau programme, ou la nouvelle transe désirée est comme une autre bulle un peu plus loin. En tant que CrossTherapist, j'ai deux possibilités de faire.

- Soit je fais fusionner la transe dissonante avec une transe ressource, en recomposant les perceptions, avec des prises de conscience, et des travaux sur l'être dans sa globalité, c'est-à-dire en travaillant sur la vie du client, ses croyances, ses valeurs, son éducation etc...

- Soit je transfère cette transe de peur vers une transe de confort quand elle se déclenche, c'est-à-dire que la bulle va se dégonfler en emplissant l'autre bulle des parties

'Positives' de sa transe dissonante (rien n'est tout noir ou tout blanc) et les 'restes négatifs' de la transe initiale, comme un ballon de baudruche, 'retombera' ou explosera, pour ne laisser qu'une réponse de transe à la notion d'avion, en l'occurrence confort, sécurité...

L'opérateur n'induisant pas de Transe, mais étant simplement un pont entre les deux bulles pour une fusion ou un Transfert.

Il se peut que par ces transformations il y ait des prises de conscience, comme des connexions qui vont se faire et donner comme une compréhension plus importante de ce que nous étions et de ce que nous devenons.

Ce passage d'une transe dysfonctionnelle vers une transe satisfaisant le client peut se faire au travers de différents passages, comme des étapes nécessaires. C'est le principe des mutations.

Certaines transes étant installées depuis tellement longtemps et apportant tant de bénéfices secondaires qu'il faudra de nombreuses transitions pour parvenir au changement profond.

Chapitre 5 : Le client ou partenaire

En CrossTherapy j'insiste sur la responsabilité du client pour le choix de son thérapeute. En effet, il y a de nombreuses thérapies qui laissent les clients assez passifs.

Effectivement, la plupart du temps ils attendent que le praticien fasse sa séance et ils consomment. D'ailleurs, c'est une des raisons pour lesquelles le seul réel investissement est le temps et l'argent.

Il y a souvent la même rengaine, 'je dois aller voir mon thérapeute' ou 'il m'a dit de revenir la semaine prochaine'. Certaines de ces formes thérapeutiques durent des années, avec des résultats très variables, sachant qu'il n'y a pas d'objectifs et de motivations initiaux.

En CrossTherapy, il est particulièrement important d'avoir des clients impliqués. D'ailleurs je nomme les consultants : des partenaires.

Quand ils appellent je leur demande de consulter mon site pour deux raisons : pour prendre contact avec le système avec lequel ils souhaitent travailler et pour qu'ils puissent ressentir l'énergie que je dégage.

Nous dégageons tous une impression, une attitude et nous ne correspondons pas à tout le monde. Certains clients souhaitent avoir des praticiens très doux, d'autres souhaitent se faire botter les fesses.

Je préfère qu'une personne voit mes vidéos, lise mes articles, et choisisse de ne pas venir, plutôt qu'elle s'impose de venir parce que quelqu'un lui a dit que je pourrais l'aider.

Nous allons former une 'équipe'. Une équipe qui va se diriger vers l'obtention d'un résultat. Le client doit s'impliquer et souhaiter avancer. J'ai très souvent arrêté une séance en expliquant que je ne correspondais pas à la personne présente.

Certains attendent que je fasse le travail, d'autres que je leur apporte des réponses.

Mais ce n'est pas mon travail. Mon job est de les entraîner vers leurs succès, grâce à leurs potentiels infinis et leurs implications.

Une séance de CrossTherapy commence avant même la première session. Le partenaire doit venir avec des objectifs précis.

Il est trop facile de se déresponsabiliser de sa vie, de laisser son contenu émotionnel entre les mains d'autrui et d'attendre les réponses.

Les réponses, qui doivent venir de soi, mettront peut-être des années à remonter. Lorsque j'ai des patients qui viennent avec un grand classique : 'J'aimerais aller bien, me sentir mieux', je leur dis que ce n'est pas un objectif valable. Il y a une recherche à faire sur soi pour reprendre sa vie en main.

Mon partenaire doit, dans un premier temps, orienter son intention vers ce qu'il attend, ce qu'il recherche. Le plus étonnant c'est que, même si nous ne traiterons pas directement l'objectif, nous allons découvrir ensemble ce qu'il y a derrière.

En effet, nos problèmes sont dans tous nos maux du quotidien. C'est un peu comme un fantôme obsédant qui nous suit comme une ombre. Il est toujours là, et donc apparaît en filigrane dans le quotidien.

Les problématiques qui font venir les clients sont des pièces du Tetris, peut-être une pièce du haut ou peut être une pièce de la base, ne sait-on jamais. L'important étant l'écho qu'il y a derrière.

Il y a aussi dans la définition d'objectif, une importance de découvrir les limites que s'imposent les clients. Prenons l'exemple de la cigarette, il est très rare qu'une personne veuille travailler sur des problèmes sous-jacents, comme sa relation à autrui, ou une peur profonde.

Nous apprendrons à deux ce qui sera possible et jusqu'à quel niveau les portes et les potentiels peuvent s'ouvrir. Le client doit se rendre compte que c'est de sa responsabilité de réussir ce qu'il attend.

En CrossTherapy, soyez prêt à avancer sur VOTRE quête, même si parfois ce n'est pas le plus agréable.

Chapitre 6 : Quelques exemples de CrossTherapy

Nous le savons tous, chaque client est unique, il n'y a pas de protocole qui pourra nous aider sur la spécificité de chaque personne que nous croisons dans nos cabinets.

En CrossTherapy, je pars du principe que le praticien, comme dans de nombreux styles énergétiques, entre en résonance avec le demandeur de la séance.

Cette force qui se met en place de façon naturelle et emphatique est acceptée par le praticien. En comprenant que selon les outils qui vont être utilisés, nous allons permettre une transe qui va entraîner la mue.

Il m'est souvent arrivé d'avoir des partenaires très en résistance, non pas qu'ils souhaitent l'être, ils ont envie d'avancer, seulement de par leurs chemins et souvent des thérapies qu'ils ont vécu, ils ont un vrai bagage et peuvent rester dans un désir de contrôler la séance.

Un client en dépression depuis quelques années m'avait été envoyé par un psy, qui m'expliquait qu'il n'avançait plus. Dans la vision CrossTherapy, il avait un confort suffisant dans sa transe, qu'il maîtrisait complètement. Aller en thérapie lui permettait de confirmer ses maux et en même temps ses bénéfices.

Ce sont des clients qui ont souvent l'impression de tourner en rond en séance. On peut donc imaginer leur transe comme un circuit automobile dans lequel ils tournent sans arrêt.

A son arrivée en séance, je lui ai proposé de rester debout et de commencer des exercices qui sont effectués dans de nombreux arts martiaux internes et en pranayama yoga. Je lui ai fait perdre ses repères de sa 'Transe de Thérapie' dans laquelle il avait pris l'habitude de s'asseoir et de 'vivre' sa séance.

La Transe ainsi créée étant déstabilisante et entraînant un apaisement de l'être : le grand classique de la respiration que nous retrouvons en Yoga, Taichi, Sophro...

Cet état m'a permis de rentrer dans la séance.

Pour la suite, je lui ai demandé de situer ses troubles et ses maux dans une partie de son corps. Après plusieurs tentatives il est parvenu à se rendre compte qu'il avait des parties de lui qui étaient plus tendues, voire douloureuses.

Il y a un principe ancien qui est la respiration par l'ensemble des organes et fibres de notre être.

Cette notion lui a permis pour la première fois depuis longtemps de déconnecter de sa psyché et de ses mots, pour se connecter à ses maux et laisser remonter de nombreuses sensations qui sont devenues des émotions.

Le corps enregistre tout ce que nous vivons depuis que nous sommes nés. Il est connecté à notre subconscient et à des centres d'énergie, donc l'action de l'un va résonner sur les autres et permettre une mutation progressive de l'être dans sa globalité.

Il n'y a pas de chemin juste dans la thérapie, il y a celle qui va correspondre à la personne qui vient en séance. Une des chances que j'ai vis-à-vis de nombreux collègues dans l'aide à la personne, c'est que mes clients viennent faire une séance.

Derrière cette notion-là, ils ne savent pas à quoi s'attendre. Ils ne savent pas si nous allons partir sur une discussion ou à l'inverse faire une méditation commune, un exercice physique ou un mantra...

Cette façon de faire est vraiment très agréable pour le praticien qui ne se limite pas à des listes de points à faire. Il y a un objectif à atteindre, la créativité est la bienvenue pour y parvenir.

Les principes psychologiques, énergétiques sont compris et appliqués dans une 'non-forme'.

Cette notion est très Taoïste. Cette philosophie part du principe que tout est non-forme, que la forme est une limite de notre dimension et de notre compréhension du monde, pour reprendre des mots plus connus de la PNL, notre vision des choses est comme une carte du monde mais certainement pas la réalité du territoire.

Seulement comme me disait un de mes meilleurs amis TRex, on ne peut pas faire comprendre la non forme aux autres sans faire passer par des... formes.

En somme nous pouvons nous laisser aller à construire des séances qui peuvent sembler peu conventionnelles, parce que les bases et les principes fondateurs ont été compris et assimilés.

Avant d'avoir pu faire vos propres recettes, vous avez suivi des indications, vous avez appris de vos parents ou de livres, puis vous avez compris le concept de certaines recettes et vous avez commencé à créer.

En CrossTherapy c'est la même chose, les bases sont diverses mais nous devons connaître des fondamentaux.

Un autre exemple de séance peut être donné sur un client qui venait pour des crises d'angoisse. Vous pouvez facilement imaginer que cette personne avait un gros stress et quand elle est arrivée en cabinet, j'ai constaté que ses statiques étaient extrêmement rigides. Après quelques échanges sur son objectif et son histoire, j'ai proposé dans un premier temps un massage.

Tout en continuant l'échange, le corps s'est relâché et il est entré dans une Transe permettant de passer cette facette hermétique mais protectrice.

Dans cet état plus ouvert, les suggestions et les passes traditionnelles permirent de remonter spontanément à la cause et de mettre en place un processus de mieux être.

C'est au CrossTherapist de découvrir ce qui peut être le plus efficace pour son partenaire. Il m'est souvent arrivé d'utiliser certains principes de l'EFT dans des phases de séances, alors que je n'ai pas d'affect particulier avec cette méthode.

Les séances sont uniques, elles ne peuvent se limiter à un protocole ou à répéter ce que nous avons déjà fait avec un client ayant d'apparence la même problématique.

Si nous reprenons un système Ennéagramme, il propose une cartographie de 9 types de personnalités et de trois centres : instinctif, mental, émotionnel. J'aime cette discipline parce qu'elle nous met en valeur les différences fondamentales qu'ils existent entre des groupes de clients.

Il va de soi que l'être humain est tellement unique dans le traitement de ses informations, de son vécu, que pour certains un problème pourra être une maladie grave et pour d'autres la rayure sur la voiture qu'ils viennent d'acheter.

Paradoxalement, il n'y a pas un problème plus important qu'un autre. En effet, c'est ce que nous mettons sur la situation qui va déterminer son impact sur notre être.

Chapitre 7 : Le principe TPA

C'est un principe assez classique dans la CrossTherapy. Nous savons tous, en tant que patient, que ce n'est pas toujours simple de vivre une mutation, un moment d'évolution.

En CrossTherapy nous avons une logique de phase qui est nommée TPA. Elle est applicable dans tous les aspects de notre vie.

Il y a une première étape qui est de "TOLERER" le changement. C'est un acte qui nous place en position haute vis-à-vis des autres et vis-à-vis de nous-même. Nous pouvons être à la limite du dédain.

Imaginez le nombre de fois où vous avez toléré une idée, une personne ou une situation. C'est comme laisser le droit à l'existence à cette idée. C'est un acte extrêmement passif. Ce qui est un point positif.

En effet, nous commençons à muer petit à petit et nous tolérons l'idée en la laissant faire son chemin.

La phase suivante est "PERMETTRE". Quand nous sommes capables de tolérer un acte, une situation ou un état nous ouvrons la possibilité à la permission.

Admettons que nous estimions que nous sommes trop petits. Dans un premier temps il y a de forte chance que nous rejetions pleinement cela et il se peut même que la moindre remarque à ce sujet devienne éprouvante.

Puis il se peut que l'on tolère la situation, du rejet nous sommes passés à une tolérance, certains, abusivement, utiliseront le mot 'accepter' seulement, c'est rarement le cas, on s'en aperçoit assez facilement avec un langage corporel qui se crispe et parfois même le timbre de voix qui change.

La permission n'est plus un acte passif, mais un état de neutralité, c'est le moment pendant lequel nous dépassons la phase sombre, négative, voire, destructrice de la situation. Notre état émotionnel s'apaise.

Dans notre exemple, entendre parler de taille ne provoquera plus aucune émotion.

Je pense aujourd'hui que la plupart des pratiques thérapeutiques mènent à cette phase de permission. Je pense même que c'est le maximum que le praticien puisse offrir à un client.

Je pense que cette remarque pourrait faire réagir certains.

Cependant, je suis dans la croyance que le meilleur praticien est le client, que nous ne sommes que des maîtres d'oeuvres de certains travaux, mais ils restent les patrons du chantier.

Les intégrations internes se font rarement avec une aide extérieure, mais avec la capacité de ne plus être impacté par des choses qui nous ont à la fois été construites et détruites dans le fondement de ce que nous sommes.

Une cliente qui se donne la permission de voir son viol comme une partie de son histoire, sans revivre des traumatismes, sera arrivée à une étape très apaisante pour elle.

Enfin l'étape finale est l'ACCEPTATION. C'est une démarche pro-active.

A mes yeux ce n'est pas un acte yin, cela demande une vraie implication, elle arrive après avoir passé certaines phases.

Je ne crois pas que l'acceptation se fasse, comme l'explique certains auteurs, comme l'aboutissement spontané de notre démarche. J'ai rarement croisé une personne qui ait accepté un événement sans avoir mis en place une démarche interne.

De la neutralité de la permission, l'intégration demande de pouvoir se situer et d'être au clair vis-à-vis de ses émotions.

Prenons un deuil de relation, j'ai vu beaucoup de mes amis, tolérer la séparation, puis ils sont passés par une permission que leurs amies aient une vie sans eux, d'ailleurs ce sont des phases dont ils ne veulent plus vraiment parler.

Ils ont beaucoup plus de mal à "Accepter" que ce soit fini, en intégrant les fautes, les maux, mais aussi les choses belles de l'histoire. Une forme de prise de conscience (n'oubliez pas en CrossTherapy, nous estimons que nous passons d'une transe à une autre), les amenant à voir l'histoire comme un retour d'informations.

L'acceptation est un processus de maturation, la volonté de sortir de sa chrysalide et de s'envoler vers autre chose. Cette étape est personnelle, elle est profonde et le praticien doit laisser cette phase se faire au rythme de chacun.

Enfin, une fois dépassé ce stade, nous arrivons vers un concept d'Amour, dirigé avant tout sur ce que nous sommes nous dans notre unité. Cet amour n'est pas du narcissisme, simplement un respect de l'individu que nous étions et que nous devenons.

Cet Amour peut aussi transpirer sur les autres, au travers d'un concept de projection.

En effet, dans l'absolu au niveau des Transes que nous vivons, nous avons vu que nous sommes capables de nous amnésier, de nous halluciner, en fonction de ce que nous sommes capables ou non d'admettre, en fonction de ce que les anciens appelaient, le niveau de Conscience.

Dans cette dynamique, les autres, le monde que nous vivons, percevons, et acceptons n'est que celui que nous avons en notre propre sein.

Les autres n'étant que les miroirs de ce que nous sommes nous-mêmes.

Avez-vous déjà remarqué le nombre de fois où nous voyons chez les autres ce qui ne nous plait pas chez nous, ou contre quoi nous luttons en nous ?

Ma mère m'a donné un exemple amusant, elle porte les cheveux longs, elle est belle comme tout avec sa crinière, hors, beaucoup de ses ami(e)s, lui font la remarque que ce n'est plus de son âge et qu'elle devrait porter une coupe plus courte.

Or, lorsque je lui demandais si ses ami(e)s avaient encore des cheveux, elle m'a fait remarquer que ce n'était pas le cas. En somme, ils projettent sur elle, leurs propres gênes ou peurs.

Dans le monde des sports de combats, nous sommes assez attentifs au poids, afin de pouvoir combattre dans la catégorie qui nous correspond le mieux.

Il est amusant de remarquer que dès que l'on croise un partenaire qui prépare une compétition, sans même nous en rendre compte, l'une de ses premières réflexions est de dire à ceux qui ne préparent rien : 'Tu as pris du poids, non ?' ou ' Comment t'as fait pour fondre comme ça ?' Le poids étant tellement obsédant dans sa réalité que nous ne voyons que cela chez les autres, rien d'autre.

Nous sommes donc dans un monde où nous ne percevons pas uniquement visuellement mais également physiquement et même de façon auditive que ce que nous sommes en nous-mêmes.

L'Amour d'autrui étant alors la possibilité d'un apaisement de nous-même et une transe qui nous permet de le percevoir pour nous et donc pour les autres.

Chapitre 8 : Les Points Cosmos

Ce concept, je l'utilise de plus en plus en CrossTherapy, il reste encore relativement jeune. En effet avec mon ami et professeur d'Ennéagramme : Nicolas Depetris et son épouse Jessica, nous travaillons avec nos sensibilités respectives sur ce sujet.

Le point Cosmos est lié à une Transe Harmonie qui nous permet de retrouver une partie de notre être. Dit comme cela, ce point peut vous sembler bien étrange.

Reprenons, nous avons trois types de centres en tant qu'Hommes. Un centre Instinctif, un centre Émotionnel, un centre Mental. Chacun de ces centres contient trois types d'énergies, une énergie en projection, une énergie en neutralisation et une énergie en injection.

Cela offre un panel de 9 types d'énergies qui se rapprocheront de neuf types de caractères possibles. Je vous laisse découvrir cette excellente discipline sur le site de Nicolas et Jess : www.approchepearl.com

A chaque caractère est lié un centre. C'est un peu la zone qui nous permet de nous sentir en Harmonie. Ce centre, ou point Cosmos, entraîne la personne qui l'utilise dans une Transe Mère.

Cette Transe est le caractère ou Ennéatype primaire de notre personnalité. Elle va influencer une grande partie de nos comportements, de nos forces et de nos faiblesses. Nous avons donc des automatismes de réaction avec des Transes Mères similaires.

N'avez-vous jamais rencontré une personne qui vous fait penser, dans sa manière d'être, de se comporter et de réagir, à une personne que vous connaissez depuis des années ? Il y a de forte chance que son Ennéatype soit le même, et donc que sa Transe Mère la fasse agir de la même façon.

Pour ceux qui pensent que c'est un système extrêmement limité, je vous rassure, il y a pour chaque Transe Mère, des Transes Piliers et des Transes d'Évitement qui complètent.

Et, chose extraordinaire, comme l'Homme est par essence dans l'équilibre, il aura toujours une Transe dans chaque centre (Instinctif, Émotionnel, Mental) donc des tas de combinaisons. Vous êtes uniques, vous avez juste tendance à rentrer dans des Transes connues.

Le point Cosmos est donc lié à votre Transe Mère et donc à votre caractère. Ce point vous entraîne dans une Transe Mère mais avec une spécification, elle est harmonieuse, équilibrée.

Vous vous doutez bien que votre Transe Mère, votre caractère, passe par des variations émotionnelles, physiques et mentales très diverses au cours d'une journée. Vous pouvez avoir des phases pendant lesquelles vous êtes d'une humeur merveilleuse, pleine de joie et de sourire, puis passer à un tracas, un souci qui vous met dans un état moins positif.

Votre Transe mère, comme toute transe, se transforme, varie, évolue.

Imaginez une grosse bulle de savon dans laquelle il y a un ensemble de réactions, d'habitudes, d'émotions, de réflexes... qui la remplissent et cette bulle est plus ou moins grande et surtout plus ou moins flexible.

Lorsqu'on la perce ou qu'on la dépasse, on entre dans une autre bulle, une autre transe, avec elle-même de nouvelles règles. Souvent nous retournons dans la bulle que nous connaissons le mieux, celle où il y a le plus d'Oxygène.

C'est ce que je vous expliquais précédemment au travers du principe de "transférer" une transe vers une autre, plus capable d'une mue, d'une évolution du patient.

Avec le point Cosmos, cette transe se stabilise, elle apporte un chemin d'harmonie.

C'est ce que je nomme "Transe Harmonie".

Au travers de ce centrage, nos capacités physiques et mentales augmentent.

Pour le moment je ne peux pas vous donner des retours scientifiques, je peux juste vous proposer de voir les vidéos que j'ai mises sur mon compte Youtube à ce sujet.

En effet vous verrez que j'ai voulu découvrir le réel impact physiologique du centrage. Je suis un combattant, donc il est assez simple pour moi de trouver des amis qui veulent tester s'ils ont plus de puissance, de résistance et d'énergie avec leurs frappes et poussées.

J'ai découvert que lors d'un centrage sur une frappe, par exemple, le coup est reçu de façon beaucoup plus intense par mon partenaire. Le plus intéressant à mes yeux n'étant pas l'explosion de cette énergie dans ce cadre.

En revanche, dans la résistance du corps, le coup donné sur une personne centrée est comme annulé...

Ce qui me confirme que nous entrons dans une transe, reste le test de l'anneau et celui du bras impliable. En effet c'est une démonstration qui est souvent faite en Hypnose de Scène.

Montrer que le subconscient bien orienté est bien plus fort que nous ne pouvons l'imaginer.

Dans ces deux tests, sans la moindre induction (l'induction étant l'outil utilisé pour faire entrer le partenaire dans une transe 'hypnotique') le partenaire centré offre des résultats similaires de force et d'équilibre.

Du point de vue de la thérapie, le point cosmos, avec un petit apprentissage, permet de prendre réellement son indépendance. En effet le partenaire entrant directement dans une transe, est dans la capacité de faire des séances en méditation, en auto hypnose, en un instant.

Il est capable avec les bonnes suggestions (très souvent liées à sa Transe Mère, à son caractère) de faire un important travail sur lui, ainsi que d'apaiser ses maux physiques, psychiques et émotionnels.

En ce qui concerne le CrossTherapist, il devra vraiment rappeler le deal initial d'une séance réussie, c'est-à-dire, accepter de faire cinquante pour cent du travail, en acceptant les suggestions, en répondant aux questions...

Un ami et thérapeute d'Hypnose me demandait si, à mon avis, une personne centrée pouvait être transférée dans une autre transe.

Aujourd'hui, je pense qu'une personne qui utilise son point Cosmos, est moins influençable, moins 'décon-centré', donc moins 'transférable'.

C'est d'ailleurs pour cette raison que je précise que pendant la session le travail se fait en équipe. Notre rôle d'accompagnant prenant encore une autre forme, avec cet outil.

Cette Transe Harmonie est pour moi l'un des plus grands potentiels que j'ai rencontrés.

J'ai pu mettre en place avec des clients, des arrêts de tabac, des fins de phobies et de nombreuses choses sur l'angoisse, l'apprentissage, les deuils... qui donnent des résultats étonnants.

Dans les prochains ouvrages de CrossTherapy, je vous donnerai des retours sur les mois et les années.

Vous pouvez passer sur www.points-cosmos.com pour plus d'informations.

Annexe :

Dans cette annexe, je vous offre ce que j'ai partagé en ligne sur mon blog laboratoire hypnose.
Vous pourrez comprendre l'évolution de ma réflexion et de mes tests sur différents sujets.

Article 1 de Mars 2013

En ce moment je travaille sur les notions de 'centrage' et la vie étant bien faite, j'ai eu le temps de prendre un verre avec Frédéric Vincent, instructeur à l'ARCHE et thérapeute, qui fait une grosse recherche dans cette direction.

Depuis quelques temps je me questionnais sur la validité, dans ma carte de croyances, de l'existence d'un monde 'extérieur'. Je reprends certains aspects des anciens, qui expriment que nous n'avons du monde que la perception de notre monde intérieur. M-Line rebondissait sur l'allégorie de la caverne.

Effectivement, je me suis mis dans une dynamique simple, 'regarde en toi, écoute ton être et tu y verras le monde, en complément le monde ne reflétera que ce qui se joue en toi'.

En exposant la théorie suivante, j'ai constaté que les mots qui décrivaient ce processus étaient : 'égoïsme, egocentré'. J'accepte pleinement ces remarques.

Le monde extérieur n'a pas de sens, les autres ne sont que les extensions des différentes transes que nous émettons à notre être. Même si la 'vie' nous apportait tout ce que nous rêvons pendant une journée mais que nous n'étions pas alignés ou centrés (je nomme cela 'être dans le temps', Fred lui ne propose que 'centré', nous sommes dans un état qui ne subit ni temps ni espace, ce qui est complètement vrai, à mes yeux.), nous ne pourrions pas vivre les cadeaux de la vie.

Nous connaissons tous cette sensation que 'ça va être une sale journée'.

Par logique d'attraction c'est-à-dire cette force qui attire à nous ce que nous vivons en nous, notre journée nous apportera soucis et ennuis. À moins que vous ayez appris à revenir sur des zones ressources ou à vous centrer.

En somme, sortir de la transe 'bad day' et construire une transe 'good day', ou à un niveau plus avancé, vivre l'instant aligné, dans l'accueil sans les émotions factices.

Mes expériences vont donc être filtrées par mes émotions, par ma vie interne. La théorie de l'attraction répondant alors à une intention, pensée ou énergie, obtient le retour en résonance. Le monde extérieur devenant une vaste réponse à ce que nous sommes en nous.

En allant plus loin et en reprenant un phénomène hypnotique connu de nous tous, les hallucinations, nous apprenons à vivre ce monde extérieur avec des 'censures'. Nous 'floutons' les images, les mots, les sensations, les odeurs et les goûts.

Nous avons tous passé de longues minutes à rechercher un objet qui comme par magie, se trouvait au point de départ de notre quête. Comme si le dit objet avait fait son apparition par une force divine. Seulement, l'objet n'a jamais bougé, seul notre esprit, notre transe de l'instant nous empêchait de le percevoir.

C'est d'ailleurs pour cette raison que la sagesse populaire conseille de respirer, de se détendre et de reprendre quelques minutes plus tard la recherche. Nous interrompons le pattern hypnotique d'hallucination.

Ce qui signifie que lors d'un échange, d'un dialogue, d'une réception d'informations, nous n'allons entendre, voir et vivre que ce que nous sommes capables de 'conscientiser'. L'échange proposant à notre être interne de nombreuses pistes que nous ne sommes pas capables de 'capter' et les autres sont assimilés à ce que nous avons en nous. Le partenaire extérieur n'activant que ce que nous sommes en nous, une nouvelle fois il n'est qu'une extension.

À cela on me rétorque que l'autre nous apporte quand même sa vision du monde, ses idées et ses arguments et donc qu'il a cet impact dans notre vie. Je l'entends bien, seulement si je filtre ses infos par une transe hallucinatoire, y a-t-il vraiment un échange, je ne suis prêt à accepter et changer que ce que je peux entendre…

D'ailleurs combien de fois vous a-t-on fait changer d'avis ? Sur une conviction ou une croyance ? Des bribes, des informations, vont être captées, certaines vont être ré-analyser et intégrer, devenant 'réelles' mais pour cela il faut un temps… Celui de sortir de son hallucination.

Les anciens appelaient cela le niveau de conscience. Pour eux, tu ne vis et perçois que ce que tu es 'capable' de vivre et percevoir. Les amis musulmans parlent eux de voiles.

Le monde extérieur n'existe pas, ou de façon tellement tronquée que nous pouvons comprendre l'isolement d'un Sakya, d'un Jésus et par extension des religieux ou spiritualistes. Nous travaillons à nous retrouver, à devenir le monde, dans des émotions positives au départ, puis dans la non émotion, la non forme de l'être, pour accueillir dans l'entièreté sans activation d'ancrages donc de transes, voire d'hallucinations, les autres et la 'vie'.

Le travail sur son centre, ou peut-être 'ses centres', est un chemin d'alignement de soi, par extension vers les autres. En sommes on reprend le Tao : dans l'infiniment petit se trouve l'infiniment grand.

Ce papier comme tous mes écrits, ne sont que des réflexions, ni justes, ni fausses. Elles sont filtrées par mes croyances, mes peurs, mes faiblesses. Elles ne proposent que ce que mes 'transes' et mes 'illusions' me permettent de 'conscientiser'.

Je serai une fois de plus heureux d'échanger avec vous, sur le net ou plus sympathiquement autour d'un verre.

Article 2 de Mar s 2013

Nous avons, selon les tendances que nous suivons, des définitions variables de l'Hypnose.

Aujourd'hui, suite à de nombreuses rencontres, à des formations, à des lectures et surtout à des sessions avec mes patients, je me dis que nous pourrions aborder l'hypnose sous un autre angle.

J'ai observé que nous pourrions appliquer les notions de transe, c'est-à-dire d'état hypnotique, à beaucoup plus de moments que ce que nous nommons des transes quotidiennes.

Toute connexion à une émotion entraîne automatiquement une modification de l'état de conscience.

Après, nous avons le choix de contenir ou de refouler l'émotion, par conséquent de garder notre conscient en Leader de l'interaction Conscient-Subconscient.

La transe ne débute qu'à partir du moment où le Subconscient, donc l'émotion, supplante la capacité de contrôle du Conscient.

En somme :

En État d'éveil Conscient : Le Conscient lead le Subconscient

En État Hypnotique : Le Subconscient lead le Conscient.

Pour aller un peu plus loin, nous pouvons donc constater que chaque changement émotionnel que nous vivons au cours d'une journée est une mise en transe spécifique.

Nous retrouverons donc des Transes de Joie/Tristesse, de Sérénité/Colère, de Courage/Peur, d'Egoïsme/de Don ...

Chacune des émotions et facettes de notre personnalité, en fonction des situations et des moments, nous fera entrer dans une transe.

A savoir que nous avons tout de même des Transes Mères.

C'est-à-dire que nous avons des Transes primaires qui se mettent en action pour nous plonger dans une zone de confort, cela nous évite de construire, avec le Conscient, une Stratégie d'adaptation dont le but unique est de nous conforter dans un système connu et confortable.

Ces Transes Mères sont celles que nous trouvons dans nos personnalités et si nous recoupons avec l'Enéagramme, nous pourrons saisir que nous avons des bases de personnalités qui représentent des Transes Mères, celles de confort (même si elles peuvent sembler destructrices).

Prenons l'exemple d'une Base 7 en Enéagramme, nous savons que sa transe l'entraîne dans l'amusement, le non engagement dans le but d'éviter la souffrance.

Un homme 7 pourra arriver dans une soirée avec l'objectif de dialoguer avec une personne précise et il y a de forte chance que sa transe prenne le dessus par rapport à l'objectif qu'il s'est fixé et qu'il en profite au maximum pour s'amuser et se divertir.

Sa Transe Mère va le faire réagir de façon similaire dans toutes ces situations, en somme elle réactive un Pattern Connu et sécurisant.

Les Transes Mères vont être soutenues par des Transes Piliers. Ce second type de transe supporte la Transe Mère pour garder une notion d'équilibre ou en tout cas de cohérence de la personnalité. Si la transe primaire est dépassée et qu'elle buggue, la transe pilier va prendre le relais.

Prenons l'exemple d'une personne qui est dans une Transe de Perfection, si les éléments qu'elle met en place n'apportent pas le résultat escompter, dans un premier temps elle peut rester dans sa transe primaire et trouver un fautif à l'imperfection, ou éventuellement faire une fixation, voire une obsession.

Admettons que rien n'apporte de solution, il y a de forte chance que la Transe se modifie en Transe de Colère, voire de Déni, et il est possible que la personne cache, ou mette de côté, ce qui est un 'échec'.

Pour ne pas admettre justement que c'est un échec, et il pourra y avoir une excuse du genre : 'Je n'ai pas eu le temps de me pencher dessus', 'Je l'ai perdu', 'C'est complètement stupide comme chose, je n'ai pas de temps à perdre sur cela'.

La Transe Pilier est vraiment un support dès que la zone de confort commence à s'éloigner.

Je suis certain qu'il y a d'autres Transes en lien à la Transe Primaire et à la transe Pilier, pour l'instant je ne peux pas donner plus d'éléments sur ce sujet.

En revanche, il y a un autre type de transe, que je nomme Transe Théâtrale. Je trouve que le meilleur exemple peut être pour les personnes qui travaillent par exemple en Magnétisme.

Il y a eu tellement de suggestions durant leurs apprentissages, sur les différentes sensations qu'ils vont pouvoir sentir, au moment du contact avec le partenaire, que dès qu'ils touchent une personne, ils activent directement cette transe avec l'ensemble des modalités assimilées et acceptées.

Ce Type de Transe est très courante dans le monde des acteurs, qui une fois sur les planches Switchent complètement leur Conscient pour n'être qu'un autre, avec un ensemble d'émotions et de ressentis assimilés.

Ce petit texte pour dire qu'avec cette perception des choses, nous pouvons facilement induire la Transe Mère à nos patients, amis, camarades, quand ces derniers viennent nous voir, en mettant en avant une transe secondaire dissonante.

Prenez une personne qui est sur une Transe Mère d'amour par le don (une base 2) si elle vient pour un problème de confiance en elle.

La Transe Dissonante est présente durant votre Anamnèse, il vous suffit de la reconnecter à sa Transe mère, en lui disant que ça vous fait plaisir qu'elle soit aussi claire sur son problème et automatiquement elle va entrer dans cette zone de confort, il vous suffira donc de faire votre séance.

Nous pouvons, pour les styles plus provocateurs, les faire entrer dans des transes dissonantes, pour amplifier l'émotion, puis une fois sa transe en place, c'est-à-dire le conscient ne maîtrisant plus, nous réorientons, nous interrompons le schéma.

Il y a de nombreuses choses à aborder à ce sujet, j'y reviendrai plus tard. J'écris ces quelques lignes pour échanger et proposer aussi une possibilité de travailler ce système qu'est l'hypnose hors du cadre très classique que nous pouvons voir habituellement.

N'hésitez pas à faire vos commentaires, je ne prétends pas avoir raison, je fais confiance à mes expériences et à ma mise en pratique. Je partage un peu mes réflexions et mes axes actuels de travail.

Article 3 de Août 2013

J'ai reçu en une semaine, suite aux différentes vidéos, de nombreuses questions concernant les points Cosmos et surtout des questions pour savoir où ils étaient situés.

Beaucoup s'interrogeaient pour savoir comment obtenir des résultats visuellement impressionnants, notamment des Hypnos qui trouvent géniale l'idée que l'on peut faire des phénomènes hypnotiques sans induction…

Pour être plus précis, la prise de conscience du point Cosmos est **un Induction dans une Transe Mère dite d'harmonie.**

C'est une forme dite '**Intégrée**' en Ennéagramme.

Par essence une harmonie **développe les équilibres**.

En reprenant les croyances liées à l'énergétique, une harmonisation propose à l'être humain de devenir **le centre des forces de l'univers** qu'il parcourt et qu'il construit également.

J'ai nommé ce centre 'point cosmos' dans ce sens là, nous sommes dans le centre de l'univers, du notre et de celui que nous percevons.

Et comme l'expliquait Ueshiba Sensei, nous sommes **en Unité avec l'Univers** donc en paix avec ce tout.

Découvrir ce point au travers des phénomènes simples que cela démontre, n'est qu'une parcelle minuscule de ce que peut permettre ce point.

C'est pour cette raison que pour le moment, dans l'étude que j'en fais, je le lie à deux choses, **les principes de Transes,** que nous pouvons entre autres retrouver dans l'Hypnose, et les principes **des Centres** (Instinctif, Émotionnel et Mental) des **Énergies** de l'Ennéagramme.

Si nous ne prenons pas en compte ce que représente le point Cosmos en fonction de l'Ennéatype, nous allons avoir un point qui pourra amuser un moment sans comprendre ce que cela pourrait nous apporter dans notre développement personnel.

Je ne parle pas pour le moment de ce qui concerne le travail avec autrui, mais simplement du travail avec nous-même.

Le point cosmos nous permet d'**entrer dans une transe puissante** qui va nous permettre un travail en **Auto Hypnose efficace.**

Pour améliorer ce travail, nous pouvons reprendre ce que l'Ennéagramme a trouvé comme étant notre **Fixation, notre vertu, notre idée supérieure**, revenir sur **notre passion et notre compulsion**. Travailler sur notre **mécanisme de Défense.**

Cette étape n'étant qu'un premier moment, une première approche, nos transes nous entraînant spontanément dans **des régressions émotionnelles,** parfois même sur des peurs et des angoisses.

La force de ce point Cosmos est de nous '**protéger',** d'éviter des abréactions trop fortes… tant que **nous nous maintenons centrés.** Parce que la clef n'est pas de faire ou de vivre ce point sur un process passif, comme pendant un instant se fixer dessus et faire passer sa douleur ou comme je l'ai démontré par des vidéos sur une frappe unique.

Le point Cosmos commence à offrir véritablement une ouverture vers un nouveau chemin, quand **nous parvenons à travailler avec dans l'action, dans le mouvement.**

Le travail interne quotidien que nous pouvons faire sur nous, nous entraîne souvent dans des émotions et autres sensations qui créent du mouvement.

Au travers d'une vague, nous devons apprendre **à trouver la stabilité.** C'est un peu comme les surfeurs, il y a de nombreuses vagues à prendre avant de pouvoir se lever sur sa planche, puis glisser sur cette énergie.

Le point Cosmos est un outil qui offre des possibilités, qui se comprend et peut se **vivre très facilement.**

Son application peut être immédiate, faites vous-mêmes le test, vous avez une peur, vous avez une douleur, vous avez un stress, connectez-vous simplement à ce point… observez **le changement quasi immédiat**…

Pour aller plus loin, il est intéressant d'étudier, d'échanger, de se tester. N'oubliez pas une chose, si vous êtes néophytes dans l'énnéagramme, très souvent il vous arrivera de penser que vous êtes un ennéatype… mais ce n'est pas le cas… ne vous précipitez pas… Nico et Jess ont **cette faculté d'offrir des idées sans donner de réponses**, c'est à vous qu'appartient ce chemin et la première étape passe par la connaissance de vous-même, ou plus exactement, la redécouverte de votre être et de votre Transe Mère. Je continuerai à vous tenir informés de mes réflexions. Il y a des liens à faire entre notre point 'Cosmos' et notre point 'Pilier' comme avec notre point 'Évitement'.

Article 4 de Septembre 2013

Le Point Cosmos est un point de centrage ou plus précisément de **reconnexion avec notre Moi initial.**

Pour être plus clair c'est une capacité naturelle que nous avons de pouvoir entrer dans une Transe, c'est-à-dire **un**
état modifié de conscience, celle qui semble être la plus Harmonieuse.

Dans cette harmonie spontanée, nous développons **des capacités beaucoup plus libres** que celles contraintes par nos normes, nos lois, nos éducations.

Vous verrez au travers de quelques vidéos l'impact physique de cette reconnexion. Certaines 'lois' physiques étant clairement modifiées (Exemple : Le soulevé).

Comment trouver son Point Cosmos ?

Ces points sont au nombre de 9 et sont liés aux Ennéatypes développés dans l'Ennéagramme.

Il faut donc apprendre à se trouver au travers de son type de personnalité, puis pour reprendre les mots de mon professeur :

'*Notre Base dominante structure notre personnalité et est donc fort utile à notre développement. En revanche, cette personnalité - ou ego – peut également, à un certain stade, par trop d'automatismes répétés, trop de conditionnements, trop de filtres de perception, devenir* une entrave à notre développement personnel.

Les Questions Clés sont donc : « En quoi suis-je excessif ? » et « En quoi suis-je limité ?» dans ce mode de fonctionnement.

L'Ennéagramme nous propose de partir à la découverte de notre potentiel inexploité. Les étapes de ce cheminement suivent le processus d'individuation décrit par Jung.

Pour entamer le processus d'individuation il faut être capable de dire : «je ne suis pas celui que je croyais être jusqu'à maintenant, je ne suis pas ce que j'appelle être moi, je ne suis ni mes projets, ni l'image que les autres et moi-même ont de moi, je suis un inconnu et je me cherche». Consulter : http://www.approchepearl.com

Après avoir trouvé votre type de personnalité, il suffit de se rapporter aux points qui ont été découverts par Alan Sheets : http://www.newequations.com

Comment pourrait-on expliquer le Point Cosmos ?

Quand Nicolas m'a montré pour la première fois les tests proposés par : http://9energies.com/ je me suis rendu compte que **nous entrions automatiquement dans une Transe**, un peu comme celle que nous vivons dans certaines sessions d'Hypnose ou Auto Hypnose.

J'ai eu la croyance que cette transe pouvait offrir des **'phénomènes hypnotiques'** équivalents à ceux que l'on fait vivre dans des sessions de Street Hypnose.

Cette observation s'est avérée vraie, en effet, vous le verrez dans les vidéos, le test de l'anneau et de du bras impliable se sont faits spontanément, **sans la moindre suggestion.**

En cela je peux confirmer que c'est une mise en **transe spontanée.**

Cette Transe entraînant dans **un état profond d'hypnose éveillée.**

Que pouvons-nous faire avec ce Point Cosmos ?

Étant pratiquant de sports de combat, j'ai modifié l'objectif 'développement personnel' de ces points, pour observer ce que pourrait offrir cette Transe Spontanée dans le monde Physique.

Il s'avère que nous développons **un état plus fort, plus équilibré, plus apaisé.**

On le remarque sur la vidéo ou un néophyte de la boxe (Mhamed) me met une percussion et qu'une fois centré sur son point Cosmos, **il a eu instinctivement un mouvement plus NATUREL, plus JUSTE et plus PUISSANT.**

Cela offre l'idée (c'est une pure supposition) que nous sommes dans un état proche des **ressources initiales** avec lesquelles nous sommes venus au monde.

Comme si le Point Cosmos était **notre MOI fondamental, revenant à un Ennéatype Intégré**. Un peu comme si les limites éducatives, sociales, voire 'physiques' **n'ont pas leurs places** dans cette Transe.

Physiquement c'est viable, nous le sentons, au niveau psychique il y a également des changements, **des apaisements** mais également des harmonisations des émotions lorsque celles-ci sont déséquilibrées.

Et la suite ?

Je vais continuer à travailler sur ce sujet d'un point de vue développement personnel et thérapeutique.

Il y a de nombreuses choses possibles que je vous ferai partager dans des articles à venir.

www.laboratoire-hypnose.com

Prenez soin de vous.
Be One
Pank

Conclusion :

Ce premier volume de CrossTherapy vous permet d'appréhender ce concept comme une méthode. En finir avec les limites des mots et des idées de notre monde de disciplines complémentaires.

La CrossTherapy est comme un alphabet, on peut y former des mots, des phrases. Parfois quand je travaille dans une discipline spécifique, j'ai l'impression que le lexique se limite. Non pas que les fondateurs aient voulu la limiter, mais ceux qui l'ont utilisée se sont arrêtés à la langue employée.

Avec la CrossTherapy, je souhaiterai simplement présenter ces lettres, éventuellement quelques mots, que vous en fassiez vos phrases et vos sémantiques, voire même une autre langue.

Nous sommes créatifs, nous sommes capables de faire de nombreuses choses et apporter à nos clients des chemins qui leurs donneront un mieux-être.

J'écrirai d'autres livres sur le sujet de la CrossTherapy, pour vous donner d'autres concepts, d'autres techniques.

Surtout garder en tête que la meilleure méthode qui existe est celle que vous allez vous mêmes appliquer avec vos clients.

Prenez soin de vous.
Be One

Pank

Lexique :

Hypnose : Système permettant de travailler avec le subconscient, avec une communication Conscient - Subconscient facilitée.

Ennéagramme : Système de développement personnel qui permet de découvrir des tendances de personnalité et apprendre à mieux s'équilibrer.

Mutation : Cette idée est une particularité de la CrossTherapy, nous permettons au client de vivre sa mutation, sa transformation comme s'il sortait d'un cocon pour devenir petit à petit l'être le plus en harmonie.

La Mue : est le passage d'une transe dissonante vers une transe harmonieuse.

La TPA : Processus d'intégration d'un changement : Tolérer - Permettre - Accepter pour finalement arriver à l'Amour.

Oxygène : Notion de ressource dans une transe, qui apporte un confort supérieur à une contrainte. Cela regroupe, nos expériences, nos émotions, nos peurs, nos réussites, nos énergies, nos habitudes, nos forces, nos faiblesses...

Bulle : Cette métaphore a pour but de proposer une image de ce qu'est une transe. Une bulle plus ou moins grande, plus ou moins souple, dans laquelle nous avons notre oxygène.

Transe : État de connexion entre le Conscient et le Subconscient qui permet un dialogue global entre toutes nos parties.

Transe Mère : Cette Transe est celle que nous vivons de façon spontanée, celle qui est liée à notre première base de l'Ennéagramme. Nous fonctionnons de façon quasi spontanée.

Transe Pilier : C'est la Transe qui se met en place automatiquement quand notre Transe Mère ne trouve plus les réponses adéquates à une situation. Elle va nous permettre de changer notre fonctionnement pour s'adapter au mieux.

Transe Harmonie : C'est l'état de la Transe Mère quand elle est centrée au travers du point Cosmos.

Point Cosmos : Zone énergétique liée à l'Ennéatype qui harmonise et amplifie le centrage de la Transe Mère.

Remerciements à HnO

Merci à toute l'équipe de Hype-N-Ose qui prend le temps de me suivre dans mes mille projets.

Merci à Vous tous qui me permettez d'avancer, de tester, de me questionner.

Merci à Vous de laisser grandir ces passions que vous avez en vous.

Merci à ces rencontres magiques qui me permettent d'avancer sur mon projet.

Vous êtes des rayons de soleil dans ma vie, Merci d'être Vous.

Je vous aime dans toutes vos facettes, devenez qui vous ÊTES et SOYEZ heureux.

Du même Auteur Chez HnO Edition

1/ *Initiation à l'Hypnose Classique Curative (Oct-2012)*
2/ *Méthode d'Auto* Hypnose (Nov-2012)
3/ *Hypnose et Régressions (Janv-2013)*
4/ *Initiation à l'Hypnose Urbaine (Dec-2012)*
5/*L'ésotérisme décrypté par l'Hypnose (Avr-2013)*
6/ *Hypnose avec les Enfants (Mai-2013)*
7/ *Mieux éduquer ses enfants grâce aux outils de l'Hypnose (Juin-2013)*
8/ *CrossTherapy (Oct-2013)*
9/ *Mes Premiers pas sur la loi d'attraction (2013)*
10/ *Hypnose H-Ultra Ou Hypnose Profonde (Nov-2013)*
11/ *Laboratoire Hypnose Volume 1 (Oct-2013)*
12/ *CT Energetics : Magnétisme et Transes (Janv-2014)*
13/ *Chercheur sur la Loi d'Attraction (Janv-2014)*
14/ *Hypnose et Hypnosophie (Avr-2014)*
15/ *Apprendre le système TPA (Mai-2014)*
16/ *Hypnose et Posture du Praticien (Juil-2014)*
17/ *Hypnose et la Pre-test Therapie (Oct-2014)*
18/ *Base de PNL Interpersonnelle (Nov-2014)*
19/ *Base de la PnL Coaching (Fev-2015)*
20/ *Périple d'un Praticien d'Hypnose contre le Cancer (Fev-2015)*
21/ *Manuel de Formation à l'Auto Amour (Avr-2015)*
22/ *Hypnose et Douleur (Juil-2015)*
23/ *Cette Hypnose Ascendante nommée Hyperempiria (Sept-2015)*
24/ *Hypnose Elmanienne (Nov-2015)*
25/ *Questiosophie (Fev-2016)*
26/ *Crépuscule de l'Hypnose (Avril-2016)*
27/ *Pouvoir Limité (Mai-2016)*
28/ *Hypnose Spirituelle (Août-2016)*

29/ Hypnose Invisible (Oct-2016)
30/ Hypnose et Anneau gastrique hypnotique (Janv-2017)

Qui est HnO Hypnose ?

HnO Hypnose est une association de pratiquants et de praticiens en Hypnose à tendance Elmanienne, Hypnosophie, Hypnose Fusion et Thérapies Durables.

Notre but est de rechercher, développer, pratiquer et diffuser sur ces sujets. Pour ce faire, nous utilisons plusieurs leviers : des formations, des cabinets ouverts, de l'Hypnose Urbaine, des livres, des audios, des live Facebook, des Podcasts...

Nous organisons des formations en Hypnose Classique Curative, Hypnosophie et Psycho-Pratique Intégrative ainsi que des ateliers en thérapie durable.

L'Hypnosophie est une discipline de synthèse et intégrative. L'hypnose est un vaste monde avec des écoles, des styles et des tendances. Plus qu'un style, nous souhaitons intégrer, sur les bases communes de l'hypnose, une ouverture globale.

Nous organisons des cabinets ouverts, dans le but de faire découvrir l'aspect curatif au plus grand nombre.

Toutes les semaines nous organisons des sorties Hypnose Urbaine ou des Hypno-papotages. Nous y invitons des praticiens mais aussi des amateurs. Le but étant de faire connaître, dans un autre contexte que le soin, ce qu'est l'Hypnose. Cette expérience humaine est extraordinaire. Nous pouvons dissiper les à priori et faire vivre des expériences agréables aux passants. Vous pouvez trouver plus d'informations sur ce que nous mettons en place sur : www.hno-hypnose.com

Nous avons mis en place un site de Mp3 d'Hypnose pour faire vivre des micros séances. Vous trouverez des informations sur : www.hno-mp3-hypnose.com

Si vous souhaitez nous rencontrer, échanger, partager, n'hésitez pas à nous contacter :

Mail : hype.ose@gmail.com

YouTube / Twitter / Facebook : Hype-N-Ose

Aller plus loin avec HnO Hypnose

Site Hypnose Fusion :

J'ai fait un site qui regroupe désormais l'ensemble des thèmes que j'aborde régulièrement.

- Hypnose et Magnétisme
- Hypnose et rupture amoureuse
- Hypnose et Enfants
- Hypnosophie
- Crosstherapy
- Hypnose et Sexualité
- Hypnose et Sommeil
- Hypnose Urbaine
- Coaching et SmartBrain Process
- Hypnose et Grossesse
- Hypnose et Manipulation
- Hypnose et Arrêt du Tabac
- Hypnose et Anneau Gastrique Virtuel (Système BAGH)

N'hésitez pas à l'utiliser le plus possible, je vais le faire évoluer et répondrai à vos questions.
https://hypnosefusion.com/

Programme d'hypnose disponible gratuitement :

Programme pour se donner de la Bienveillance (21 Jours)
https://hypnosefusion.com/hypnose-et-bienveillance/

Programme Mincir et Prendre soin de soi (21 Jours)
https://hypnosefusion.com/systeme-bagh-programme-mincir-et-prendre-soin-de-soi-5min-jour-sur-21-jours/

Programme Arrêter de Fumer Gratuitement (21 Jours)
https://hypnosefusion.com/hypnose-et-arret-du-tabac/

Programme Anneau Gastrique Hypnotique Gratuit (21 Jours)
https://hypnosefusion.com/hypnose-et-anneau-gastrique-virtuel-systeme-bagh/

Programme Loi d'Attraction (21 Jours)
https://transeattraction.wordpress.com/

Programme Sommeil (7 Jours)
https://hypnosefusion.com/hypnose-et-sommeil/

Programme Hypnogrossesse (21 Jours)
https://hypnosefusion.com/hypnose-et-grossesse/

Programme Smartbrain Process (120 Jours)
https://hypnosefusion.com/coaching-et-smartbrain-process/

Boite à Outils :
Je vous ai mis en ligne une petite boite à outils sur le site
: https://hno-hypnose.com/boites-a-outils-et-partages/

www.ingramcontent.com/pod-product-compliance
Lightning Source LLC
Chambersburg PA
CBHW060218290526
45789CB00003B/1315